I0006461

Sommario

Premessa

HTML e CSS sono i linguaggi più usati in assoluto per la creazione di applicazioni Web interattive e solide. Ogni sito che visiti ogni giorno utilizza queste due tecnologie perché sono le più consolidate e le più evolute dato che HTML è nato nel 1993 e CSS nel 1996.

Ci consentono di sviluppare semplicemente un sito Web, lo rendono facile da costruire, manutenere e modificare. Probabilmente avrai letto che HTML non è un vero e proprio linguaggio di programmazione, così come non lo è CSS, ma sono linguaggi di markup anche detti descrittivi. HTML ha l'obiettivo di descrivere la struttura di un sito mentre CSS ha l'obiettivo di descriverne lo stile.

Useremo un approccio che può sembrare strano ma secondo me è il più efficace: combinare l'uso di HTML e CSS in modo da rendere l'apprendimento più rapido e meno noioso dato che possiamo imparare subito come costruire la struttura del sito e applicargli alcuni tocchi di stile. Scopriremo cosa si intende per HTML5 e CSS3 e quali sono le novità che hanno introdotto. Se stai cercando di diventare un web designer, uno sviluppatore per il web o semplicemente vuoi imparare HTML e CSS questo è libro adatto per te.

A chi si rivolge il libro

Vista l'importanza delle pagine Web, la continua ed inarrestabile progressione verso il digitale, la possibilità di usare il Web per rendere più semplice la vita, si prevede un aumento significativo delle professioni legate a questo mondo. In particolare, sviluppatori e web designer troveranno lavoro più facilmente data la continua domanda da parte del mercato. Questo libro si rivolge a tutti coloro che vogliono iniziare una carriera di questo tipo, che vogliono costruire siti Web professionali ma anche a chi semplicemente non ha conoscenze di base e vuole costruire da sé il proprio sito Internet senza affidarsi ad uno specialista.

Entrambe le categorie troveranno le conoscenze fondamentali per la costruzione di una pagina Web interattiva, gradevole e forniremo consigli utili per velocizzare l'apprendimento e la produttività.

Dov'è il codice?

I file HTML hanno di solito estensione *.html* o *.htm* e verranno utilizzati font e colori in modo da esaltare le parole chiave. Di seguito mostriamo come si presenta una pagina Web:

```html
<!DOCTYPE html>
<html>
<head>
    <title>Titolo della pagina</title>
</head>
<body>
    <h1>Titolo</h1>
    <p>Paragrafo</p>
</body>
</html>
```

Per quanto concerne i file di CSS hanno estensione *.css* e rappresentano un insieme di regole di stile e verranno rappresentati in questo modo:

```css
/* Definisco gli stili per la pagina */
body {
  background-color: lightblue;
}

h1 {
  color: white;
  text-align: center;
}

p {
  font-family: verdana;
  font-size: 20px;
}

/* Uso direttiva @-rules */
@media print {
    h1 {
        color: yellow;
    }
}
```

Requisiti

Non ci sono requisiti minimi di sistema per creare pagine Web con HTML e CSS, è sufficiente un PC con un browser Web ed un editor di testo. Non ci sono limiti su sistemi operativi, browser, né su quale editor usare. Tuttavia per testare alcune funzionalità presenti in HTML5 ti consigliamo di scaricare l'ultima versione di Google Chrome o Mozilla Firefox (entrambe gratuite) oppure usare un browser successivo ad Internet Explorer 9.

Strumenti da usare

Come abbiamo anticipato nei requisiti gli strumenti principali per la realizzazione di pagine Web sono un editor di testo ed un browser. Potremmo usare semplicemente blocco note e Internet Explorer come browser per gli utenti Windows ma vi fornirò dei consigli che posso facilitare la progettazione delle interfacce utente.

Editor

Tra la molteplicità di editor di testo ci sono alcune soluzioni gratuite e specifiche solo per Windows come Notepad++ ma personalmente vi consiglio di usare software multipiattaforma ovvero disponibili su Windows, Linux e Mac. Vi consiglio in particolare Atom e Sublime Text che, come tanti altri, mettono a disposizione delle funzioni molto utili.

Le funzionalità più usate ed utili sono l'auto-completamento che consente la chiusura automatica dei tag, l'evidenziatore della sintassi in modo che ogni tag assuma un colore specifico e sia facile da riconoscere. Un'altra funzionalità interessante consiste nel poter scaricare dei plugin forniti dalla community che consentono di aumentare la produttività dell'utente, come ad esempio trovare le differenze tra due file.

Browser

Il programma che interpreta le pagine HTML è proprio il browser che usiamo giornalmente. Il browser si occupa di caricare la pagina creata e successivamente visualizzarla. Per effettuare il caricamento della pagina è opportuno che questa sia prima scaricata quindi se si tratta di un sito web o se la nostra pagina si trova in un server questa viene dapprima scaricata, poi interpretata ed infine visualizzata.

Questo implica che una pagina di dimensioni molto grandi impiega più tempo per essere visualizzata soprattutto su dispositivi lenti. Alla luce di ciò bisogna stare attenti a non sovraccaricare troppo il sistema con pagine enormi ma cercare di modularizzare il più possibile in modo che anche i dispositivi più lenti possano visualizzare la pagina in tempi ragionevoli.

Tutti i browser mettono a disposizione un insieme di strumenti accessibile di solito tramite il tasto F12 della tastiera e che consente, tra le altre cose, l'esplorazione e la modifica della pagina e degli stili associati. Di solito è possibile anche avere un'anteprima della pagina in modalità mobile, selezionando addirittura il dispositivo su cui visualizzare la pagina (tipo tablet, iPhone ecc).

Ad ogni modo consiglio sempre di effettuare dei test della propria pagina con i tre browser principali ovvero Google Chrome, Mozilla Firefox e Internet Explorer (o Edge) soprattutto se la vostra pagina ha un ampio bacino d'utenza. Esistono anche altri browser in circolazione come Safari che è installato di default sui Mac e Opera che è meno usato rispetto ai precedenti ma comunque molto valido ed attento agli utenti.

Detto ciò seleziona il tuo browser ed entriamo nel vivo del libro!

Le basi

Come per ogni palazzo è necessario partire dalle basi per poter costruire una conoscenza solida e senza lacune. Capire la struttura di un file HTML e CSS è fondamentale per poter costruire la nostra pagina Web e per poter costruire delle regole di stile efficaci ed evitare la ridondanza. Adesso capiremo come sono strutturati i file HTML e CSS, cos'è un tag, cosa sono le regole CSS e le proprietà.

HTML

HTML è il linguaggio di base per creare pagine Web e il suo acronimo sta per *Hyper Text Markup Language* e sostanzialmente descrive i blocchi che costruiscono la nostra pagina. Possiamo immaginare una pagina Web come un giornale infatti è composta da alcune sezioni come titolo, sottotitolo, paragrafo, piè di pagina che ricordano un giornale (ricordiamo che il linguaggio è nato nel 1993). Queste sezioni sono delimitate da *tag* che ne indicano l'inizio e la fine e servono ai browser per visualizzare i contenuti. Ogni pagina è composta da una sezione denominata *head* che contiene le informazioni non visibili della pagina ed una sezione denominata *body* che conterrà tutti gli elementi visibili ovvero la struttura della pagina, il testo, le immagini ecc.

Analizziamo una semplice pagina HTML in modo da vedere cosa contiene:

```
<!DOCTYPE html>
<html>
<head>
    <title>Titolo della pagina</title>
</head>
<body>
    <h1>Titolo</h1>
    <p>Paragrafo</p>
</body>
</html>
```

I tag sono delimitati da parentesi angolari e ad ogni tag di apertura <> deve corrispondere un tag di chiusura </>.

Il primo tag *<!DOCTYPE html>* indica che stiamo usando la sintassi per HTML5 che vedremo in seguito mentre il tag *<html>* serve per definire un nodo radice della pagina. Dobbiamo immaginare una pagina HTML come un albero la cui radice è il nodo *<html>* a cui aggiungiamo dei figli, in particolare avrà il figlio *head* e il figlio *body* di cui abbiamo già parlato. Il primo contiene soltanto un tag che rappresenta il titolo della pagina ovvero quello che viene mostrato dal browser, il secondo contiene e mostra due elementi di tipo testuale. Il tag *<h1>* mostra una grande intestazione ovvero un titolo molto grande mentre il tag *<p>* mostra un paragrafo che per definizione ha dimensioni più ridotte ma che con il CSS può assumere forma e dimensioni che vogliamo.

Per creare un file HTML è necessario creare un file di testo e successivamente rinominarlo con estensione *.html*, aprire poi il file con un editor di testo oppure puoi creare un file nell'editor e successivamente salvarlo come file HTML. Dopo aver fatto ciò è necessario aprire la pagina appena creata tramite un doppio click sull'icona del file. Di solito il sistema operativo identifica i file HTML e mostra l'icona del browser predefinito per l'apertura del file.

CSS

La storia di CSS è sostanzialmente parallela a quella di HTML e, di fatto, lo completa infatti CSS ha lo scopo di arricchire l'aspetto della struttura e della pagina Web concentrandosi quindi su un aspetto fondamentale nello sviluppo dei software: separare il livello strutturale da quello di presentazione.

CSS è l'acronimo di *Cascade Style Sheets* ovvero fogli di stile a cascata e in ogni file troviamo delle regole con cui è possibile intervenire sullo stile del testo, sulla posizione degli elementi grafici così come creare nuovi layout in modo che possano essere visualizzati allo stesso modo da tutti i browser.

Creiamo un file con estensione *.css* in modo analogo a quanto fatto per HTML e inseriamo alcune regole:

```css
/* Definisco gli stili per la pagina */
body {
  background-color: lightblue;
}

h1 {
  color: white;
  text-align: center;
}

p {
  font-family: verdana;
  font-size: 20px;
}

/* Uso direttiva */
@media print {
    h1 {
        color: yellow;
    }
}
```

In questo breve esempio di codice CSS abbiamo inserito tre tipi diversi di dichiarazioni ovvero regole, commenti e direttive. La prima riga indica un commento che è racchiuso tra i segni /* e */, i commenti non vengono elaborati dal browser e sono utili solo al programmatore che andrà a leggere o rileggere il codice. Le regole, invece, sono composte da selettore e blocco delle dichiarazioni dove il selettore definisce a quali elementi verrà applicata la regola mentre il blocco di dichiarazioni è composto da proprietà e valore. Nella seconda riga abbiamo *body* come selettore ovvero andremo ad applicare questa regola a tutti gli elementi con tag *body* e la regola è formata dal valore *lightblue* della proprietà *background-color*.

La proprietà definisce un aspetto dell'elemento da modificare, in questo caso il colore dello sfondo, in base al valore che segue la proprietà dopo i due punti. Ogni dichiarazione deve terminare con un punto e virgola in modo da poterla distinguere dalle precedenti o successive. L'uso del punto e virgola non è obbligatorio ma è fortemente raccomandato per evitare comportamenti indesiderati dovuti ad una errata interpretazione.

Il terzo tipo di dichiarazione sono le direttive che sono distinguibili dal simbolo chiocciola @ che precede il nome della direttiva. Queste direttive sono molto usate nei CSS per applicare diverse regole di stile in base al tipo di dispositivo, per la stampa dei documenti e tanto altro. Approfondiremo questo argomento nel corso del libro.

Nel prossimo capitolo inizieremo a comporre delle pagine in HTML a partire dalla loro struttura per finire ai vari tipi di tag passando per la definizione di DOM.

Testo in HTML

Abbiamo detto che una pagina HTML è composta da tag ovvero da etichette che definiscono non tanto l'aspetto ma il contenuto della pagina anche perché l'aspetto è modificabile tramite CSS. Tutto questo contribuisce all'idea di pagina Web come un giornale ovvero un luogo dove le informazioni hanno una posizione precisa in modo da far risultare il tutto ordinato e ben definito.

Esistono diversi tipi di tag in HTML ma tutti partecipano alla creazione di un *albero*, un concetto frequente in informatica. Si crea un albero la cui radice è il nodo *<html>* composto solitamente da due figli *<head>* e *<body>*.

Riprendendo l'esempio precedente disegniamo l'albero che viene creato anche detto *DOM (Document Object Model):*

```
html
|
+---head
|  |
|  +---title
|  |
|  +---"Titolo della pagina"
|
+---body
|
+---h1
|
+---"Titolo"
|
p
|
+---"Paragrafo"
```

Attributi

Ogni tag può avere degli *attributi* che vengono usati principalmente per aggiungere informazioni all'elemento ad esempio per definire un identificativo univoco dell'elemento. Un attributo è formato da una coppia chiave - valore e il valore che rappresenta è racchiuso da apici o virgolette.

Il tag *input* ad esempio è spesso usato per l'acquisizione di dati da parte dell'utente ad esempio un nome di persona ed in questo caso abbiamo aggiunto alcuni attributi:

```
<input type="text" id="nomePersona" placeholder="Nome">
```

Avrai notato che questo tag contiene un attributo che ne identifica la tipologia, un identificativo per riconoscerlo facilmente e un *placeholder* che consente di specificare un messaggio per l'utente (in questo caso si tratta di *Nome* visualizzato all'interno della casella di testo).

Eventi

Esistono anche diversi attributi utili per identificare un'azione dell'utente ad esempio possiamo intercettare il click dell'utente su un elemento ed invocare delle funzioni JavaScript. Possiamo anche intercettare eventi come lo scrolling del mouse, il cambio di valore di un elemento HTML o l'inserimento di una lettera da parte dell'utente.

Evento	Descrizione
onchange	Un elemento HTML viene modificato
onclick	L'utente clicca su un elemento
onmouseover	L'utente muove il mouse su un elemento HTML
onmouseout	L'utente allontana il mouse da un elemento HTML
onkeydown	L'utente inserisce una lettera dalla tastiera
onload	Il browser ha terminato il caricamento di una pagina

Di seguito riportiamo un esempio quando l'utente esegue un click sul tag relativo al paragrafo della nostra pagina:

```
<!DOCTYPE html>
<html>
<head>
    <title>Titolo della pagina</title>
</head>
<body>
    <h1>Titolo</h1>
    <p          onclick="alert('Hai          cliccato          sul
paragrafo');">Paragrafo</p>
</body>
</html>
```

Il risultato di questo codice quando l'utente clicca sul paragrafo è quello riportato dall'immagine seguente:

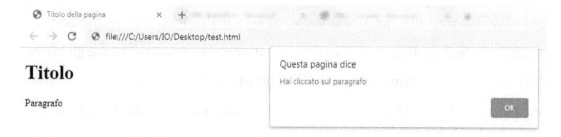

Avrai sicuramente notato che ho usato delle parentesi diverse all'interno della funzione *onclick* infatti HTML accetta solo codice ben formato ovvero se ad ogni parentesi aperta corrisponde una parentesi chiusa così come per virgolette e gli apici. La funzione JavaScript che deve essere eseguita al click sul paragrafo mostra all'interno del browser un messaggio specificato e il pulsante per confermare la lettura del messaggio. Questa funzione è spesso usata per fornire informazioni all'utente, come nel nostro caso.

Tag di testo

Per l'organizzazione dei testi è necessario individuare sezioni, articoli, titoli e paragrafi per ogni pagina soprattutto quando si vuole creare un sito Web non convenzionale. Esistono, infatti, degli studi riguardo l'interazione utente che dimostrano dove gli utenti si aspettino determinati elementi all'interno di un sito o di una pagina Web. Il menù, per esempio, deve essere situato in alto a sinistra piuttosto che a destra o al centro perché soprattutto nei paesi con scrittura destrorsa l'occhio tende a vedere maggiormente i contenuti a sinistra per una questione di abitudine.

E' bene tenere a mente questi accorgimenti durante la creazione delle nostre pagine Web, progettare una pagina in modo efficace fin dall'inizio evita la modifica di codice e l'introduzione di errori. Il testo in HTML può essere organizzato principalmente in titoli e paragrafi, si parte dai titoli più grandi ovvero *h1* fino agli *h6* che sono quelli più piccoli. Proprio come in un libro le macro-categorie saranno titoli *h1* mentre le sotto-categorie saranno titoli più piccoli quindi *h6.*

I paragrafi di solito sono utilizzati per contenere testi più estesi rispetto ai tag *h1...h6* pertanto risulta utile evidenziare delle parole in modo particolare attraverso l'uso del **grassetto**, del *corsivo* o <u>sottolineato</u>.

```html
<!DOCTYPE html>
<html>
<head>
    <title>Titolo della pagina</title>
</head>
<body>
    <h1>Esalta testo</h1>
    <p>Questo è <strong>grassetto</strong>.</p>
    <p>Questo è <em>corsivo</em>.</p>
    <p>Questo è <u>sottolineato</u>.</p>
    <p>Questo è <em><strong>grassetto corsivo</strong></em>.</p>
</body>
</html>
```

Il risultato di questa pagina sono una serie di paragrafi dove abbiamo evidenziato il testo in modo da esaltare il significato di alcune parole.

Esalta testo

Questo è **grassetto**.

Questo è *corsivo*.

Questo è <u>sottolineato</u>.

Questo è ***grassetto corsivo***.

Nella creazione della nostra pagina potrebbe essere necessario organizzare il testo in un elenco puntato o un elenco ordinato. Per ottenere un elenco puntato useremo il tag *<ul>* acronimo di *unordered list* che è uno dei tag più usati dagli editori Web. La sintassi è molto semplice infatti all'interno del tag *<ul>* andremo a definire degli elementi tramite il tag *<li>* in modo da creare dei "pallini" accanto ad ogni elemento.

Per quanto concerne la creazione di un elenco ordinato la sintassi è identica ma il tag contenitore degli elementi non sarà *<ul>* ma *<ol>* acronimo di *ordered list*. In questo modo ogni elemento sarà affiancato da un numero progressivo a partire da 1.

Nell'esempio seguente abbiamo riadattato l'esempio precedente in modo da creare entrambi i tipi di elenchi, partendo da quello non ordinato:

```
<!DOCTYPE html>
<html>
<head>
    <title>Titolo della pagina</title>
</head>
<body>
    <h1>Elenco puntato</h1>
    <ul>
        <li><p>Questo è <strong>grassetto</strong>.</p></li>
        <li><p>Questo è <em>corsivo</em>.</p></li>
        <li><p>Questo è <u>sottolineato</u>.</p></li>
        <li><p>Questo          è          <em><strong>grassetto
corsivo</strong></em>.</p></li>
    </ul>

    <h1>Elenco ordinato</h1>
    <ol>
        <li><p>Questo è <strong>grassetto</strong>.</p></li>
        <li><p>Questo è <em>corsivo</em>.</p></li>
        <li><p>Questo è <u>sottolineato</u>.</p></li>
        <li><p>Questo          è          <em><strong>grassetto
corsivo</strong></em>.</p></li>
    </ol>
</body>
</html>
```

Il risultato è mostrato nell'immagine seguente:

Elenco puntato

- Questo è **grassetto**.
- Questo è *corsivo*.
- Questo è <u>sottolineato</u>.
- Questo è ***grassetto corsivo***.

Elenco ordinato

1. Questo è **grassetto**.
2. Questo è *corsivo*.
3. Questo è <u>sottolineato</u>.
4. Questo è ***grassetto corsivo***.

L'ultimo elemento riguardo l'organizzazione del testo in HTML sono le tabelle che sono state al centro di numerose dispute considerato l'uso smodato che ne è stato fatto negli anni. La guida ufficiale del W3C ovvero il consorzio per il *World Wide Web* definisce che le tabelle devono essere usate solo per rappresentare dati in forma tabellare e non per creare una struttura del testo.

Per esempio non si deve usare una tabella di tre colonne ed una riga per centrare il testo in una pagina, per fare questo ci sono altri metodi più appropriati.

```
<table>
    <caption>
        <p>Tabella dati</p>
    </caption>
    <thead>
        <tr><th>Colonna 1</th><th>Colonna 2</th></tr>
    </thead>
    <tfoot>
        <tr><td>Footer 1</td><td>Footer 2</td></tr>
    </tfoot>
    <tbody>
        <tr><td>Dato 1,1</td><td>Dato 1,2</td></tr>
        <tr><td>Dato 2,1</td><td>Dato 2,2</td></tr>
        <tr><td>Dato 3,1</td><td>Dato 3,2</td></tr>
    </tbody>
</table>
```

Le tabelle si definiscono tramite il tag *<table>* che è il contenitore di tutta la tabella all'interno del quale troviamo almeno una riga definita con il tag *<tr>* che conterrà una cella definita con il tag *<td>*.

In una tabella è anche possibile definire un'intestazione, il nome delle colonne ed infine una sezione riepilogativa anche detta *footer della tabella*.

Nell'esempio mostrato abbiamo usato il tag *<caption>* viene utilizzato per fornire delle didascalie e quindi contestualizzare il testo, il tag *<thead>* rappresenta l'intestazione della tabella mentre *<tfoot>* è di solito usato per i dati di sommario.

L'esempio precedente produce una tabella di questo tipo:

Tabella dati

Colonna 1	Colonna 2
Dato 1,1	Dato 1,2
Dato 2,1	Dato 2,2
Dato 3,1	Dato 3,2
Footer 1	Footer2

Avrai notato che si tratta di una tabella ma mancano i classici bordi che delimitano le celle pertanto dobbiamo aggiungere un tocco di CSS ovvero aggiungeremo delle regole di stile e le integreremo nel file HTML:

```
<!DOCTYPE html>
<html>
<head>
    <title>Titolo della pagina</title>
    <style>
        table  {
            border-collapse:collapse
        }
        td, th {
            border:1px solid black;
            padding:8px;
        }
    </style>
</head>
<body>
    <table>
        <caption>
            <p>Tabella dati</p>
        </caption>
        <thead>
            <tr><th>Colonna 1</th><th>Colonna 2</th></tr>
        </thead>
        <tfoot>
            <tr><td>Footer 1</td><td>Footer 2</td></tr>
        </tfoot>
        <tbody>
            <tr><td>Dato 1,1</td><td>Dato 1,2</td></tr>
            <tr><td>Dato 2,1</td><td>Dato 2,2</td></tr>
            <tr><td>Dato 3,1</td><td>Dato 3,2</td></tr>
        </tbody>
    </table>
</body>
</html>
```

Tramite le regole di stile CSS abbiamo selezionato tutti i tag *<table>* e abbiamo impostato una proprietà per cui le celle condividono i bordi piuttosto che separarli, per tutti i tag di tipo *<td>* e *<th>* abbiamo impostato oltre ad un bordo di 1 pixel con tratto continuo (*solid)* e di colore nero anche uno spazio tutto intorno di 8 pixel. Vedremo nel seguito del libro i vari modi di integrare HTML e CSS.

Abbiamo tracciato un'ampia panoramica riguardo l'organizzazione del testo in HTML e abbiamo accennato qualcosa sui CSS, nel prossimo capitolo esamineremo ciò che differenza un giornale da un sito Web, i contenuti multimediali e l'interattività.

Multimedialità in HTML

Link

Internet ci ha consentito di sfogliare quotidiani in un nuovo modo infatti ogni sito Web è impostato come un giornale con degli schemi ben definiti. In un giornale non c'è la possibilità di poter usare collegamenti intesi come i link che clicchiamo ogni giorno, non ci possono essere audio o video all'apertura di una pagina ed è questo che ha reso grande ed utile il Web. In questo capitolo useremo e creeremo pagine Web dinamiche e con contenuti multimediali al fine di rendere piacevole l'esperienza utente e di impararne le potenzialità.

I link sono dei riferimenti ad un testo ovvero un ponte che consente di passare da un testo ad un altro oppure da un testo ad un'altra risorsa come un'immagine ad esempio. Tutti abbiamo fatto almeno una volta nella vita una ricerca su un motore di ricerca, esso restituisce dei link (o riferimenti) ad altri testi o risorse.

In HTML è possibile realizzare un link in modo davvero semplice:

```
<a href="http://www.miosito.it/">Vai al sito</a>
```

In questo modo verrà creato un link di cui la parte visibile all'utente è contenuta all'interno del tag infatti l'utente vedrà il testo *Clicca qui* mentre il riferimento, che in questo caso è esterno, è incluso nell'attributo *href*.

Con questo tipo di tag è possibile puntare anche ad altre pagine Web che sono presenti sul nostro PC, nell'esempio seguente faremo riferimento ad un sito esterno, ad una pagina allo stesso livello della pagina che stiamo modificando ed infine ad una pagina tramite percorso assoluto. Per evitare che il browser restituisca un errore di pagina non trovata accertiamoci di creare le pagine Web nel percorso corretto.

In particolare creiamo il file denominato *pagina2.html* allo stesso livello della pagina che conterrà i link ed una pagina HTML sotto il percorso *C:*. Il modo di creare le pagine è lo stesso utilizzato fino ad ora.

La nostra pagina che conterrà i link si chiama *pagina1.html* e sarà così definita:

```
<!DOCTYPE html>
<html>
<head>
    <title> Pagina 1</title>
</head>
<body>
    <h1>Benvenuto in pagina 1</h1>
    <a href="http://www.miosito.it/">Vai al sito</a>
    <a href="pagina2.html">Vai a pagina 2</a>
    <a href="/pagina3.html">Vai a pagina 3</a>
</body>
</html>
```

La nostra *pagina2.html* è definita come segue:

```
<!DOCTYPE html>
<html>
<head>
    <title>Pagina 2</title>
</head>
<body>
    <h1>Benvenuto in pagina 2</h1>
</body>
</html>
```

La pagina che si troverà al percorso *C:\pagina3.html* sarà definita così:

```
<!DOCTYPE html>
<html>
<head>
    <title>Pagina 3</title>
</head>
<body>
    <h1>Benvenuto in pagina 3</h1>
</body>
</html>
```

Come hai visto abbiamo già creato un po' di interattività tra le semplici pagine Web e l'utente, questa potrebbe essere la base per un sito, per un'applicazione Web o per tanto altro.

Per il nome dei file è bene darsi delle regole da rispettare in modo da non incappare in errori, è consigliabile sostituire gli spazi bianchi ad esempio con un trattino basso. Un altro consiglio è di usare solo caratteri minuscoli o solo maiuscoli dato che alcuni sistemi operativi sono case-sensitive pertanto interpretano in modo diverso lettere maiuscole e minuscole.

Talvolta è utile creare un link che rimanda ad un elemento della nostra pagina per esempio vogliamo un link al titolo della pagina. Per realizzare ciò dobbiamo aggiungere l'attributo *name* al tag *<h1>* e usare il riferimento tramite *href*.

```
<h1 name="titolo"></h1>
.....
<a href="#titolo">Vai al titolo</a>
```

In questo modo è possibile tornare al titolo (che di solito è in cima alla pagina) tramite un semplice link.

Immagini

Un altro elemento molto importante per il Web sono le immagini che rendono più accattivante e gradevole alla vista una pagina Web, è possibile usarle attraverso il tag *<img>*. Si tratta di un tag senza contenuto ma con almeno due attributi: uno definisce dove si trova fisicamente l'immagine, l'altro definisce un testo da mostrare in caso l'immagine non venga visualizzata. Tale testo risulta particolarmente utile anche per gli ipo-vedenti e i non-vedenti così come per i motori di ricerca che non "vedono" le immagini come noi.

Possiamo includere un'immagine nella nostra pagina usando il suddetto tag:

```
<img src="benvenuto.jpg" alt="Immagine di benvenuto">
```

In questo caso stiamo includendo un'immagine di nome *benvenuto.jpg* che si trova allo stesso percorso della nostra *pagina1.html*, nel caso in cui non sia possibile visualizzarla verrà mostrato il messaggio *Immagine di benvenuto*. E' possibile includere immagini di tipo JPG, GIF o PNG.

Audio

Lo standard HTML ha subito diverse modifiche durante gli anni, la quinta revisione denominata HTML5 e rilasciato a fine 2014 ha portato una serie di novità interessanti per il campo della multimedialità.

In particolare sono stati introdotti i tag *<audio>* e *<video>* che consentono semplicemente di includere file audio e video e sfruttarne tutte le potenzialità. Il tag *<audio>* è composto da un attributo senza valore associato denominato *controls* utile per gestire la riproduzione dei file audio. Sarà possibile riprodurre, interrompere o mandare in avanti o indietro un file audio di diverso tipo come *.mp3* o *.ogg*.

Per includere un audio nella nostra pagina usiamo il seguente codice:

```
<audio controls>
  <source src="benvenuto.mp3" type="audio/mp3">
  <source src="benvenuto.ogg" type="audio/ogg">
  Il browser non supporta il tag audio
</audio>
```

In questo caso il browser tenterà il caricamento della risorsa *benvenuto.mp3* e se il caricamento non andasse a buon fine (file mancante per esempio), tenterà il caricamento della seconda risorsa e così via. Qualora nessun file sia stato caricato verrà mostrato un testo personalizzabile che indica il tipo di errore riscontrato.

Video

Come per il tag relativo all'inclusione di file audio, l'inclusione dei video con HTML5 è stata notevolmente semplificata. E' possibile definire un tag *<video>* e dichiararne l'altezza e la larghezza come attributi, anche in questo tag è presente l'attributo *controls* in modo da gestire la riproduzione del file video.

```
<video width="320" height="240" controls>
  <source src="presentazione.mp4" type="video/mp4">
</video>
```

In questo caso verrà caricata la risorsa *presentazione.mp4* che avrà un'altezza di 240 pixel e larghezza di 320 pixel. E' possibile aggiungere altri due attributi interessanti come *loop* che consente di far ripartire automaticamente il video quando termina e *autoplay* che consente al sito di forzare l'esecuzione automatica del video all'accesso alla pagina. Maggiori saranno le dimensioni del video maggior tempo sarà necessario per il caricamento della pagina.

Questo tag, come il precedente, consente di caricare diversi video in cascata ovvero si effettua il caricamento della prima risorsa definita all'interno del tag *<video>*, qualora ci fossero problemi con la risorsa si passa alla seconda, alla terza ecc. fino a quando è possibile mostrare un messaggio d'errore che descrive il problema riscontrato.

```
<video width="320" height="240" controls autoplay loop>
    <source src="presentazione.mp4" type="video/mp4">
    <source src="presentazione.ogg" type="video/ogg">
    Il browser non supporta il tag video
</video>
```

I formati supportati sono sostanzialmente tre per i video: mp4, webm e ogg mentre per i tag audio sono supportati mp3, wav e ogg. Non tutti i browser sono compatibili con questi formati infatti il formato da preferire per poter visualizzare un video su tutti i browser è mp4 mentre per gli audio è preferibile usare mp3.

Sino ad ora abbiamo imparato molto su HTML e visto poco CSS infatti è fondamentale imparare dapprima come costruire una struttura e poi come renderla piacevole all'occhio umano. La creazione della struttura tuttavia non è molto difficile e, come avrai visto, è davvero semplice unire gli elementi per creare una pagina Web. Aggiungere uno stile che sia coerente, unico e gradevole all'occhio umano non è un compito altrettanto semplice soprattutto in ambito professionale.

Nella prossima sezione andremo ad unire la struttura con lo stile in modo da sfruttare molte delle proprietà che il CSS mette a disposizione. Analizzeremo le proprietà e le regole principali per darti le basi e poter iniziare a lavorare sulla tua pagina Web con stile.

HTML e CSS

In uno degli esempi precedenti abbiamo visto come integrare le regole e classi di stile all'interno dei file HTML, in realtà esistono tre modi diversi di fare ciò che andiamo subito ad analizzare:

- Aggiungere CSS in linea
- Aggiungere CSS tramite tag *<style>*
- Fare riferimento ad un file CSS

Il primo metodo consiste nell'aggiungere le regole di stile direttamente sull'elemento HTML attraverso l'attributo *style*, per esempio potremmo cambiare il font di un elemento HTML in questo modo:

```
<p style="color: red">Un paragrafo rosso</p>
```

Il secondo modo metodo, invece, ha già un livello di astrazione più alto ed è denominato CSS interno. In questo modo si possono inserire delle regole di stile all'interno del tag *<style>* nella sezione *<head>* della pagina Web. Si tratta di un livello di astrazione più alto perché dobbiamo definire delle regole valide per tutti i tag ed evitiamo che, come nel caso di CSS in linea, si faccia riferimento ad un singolo elemento.

Questo tecnica l'abbiamo già adottata precedentemente e ne riportiamo l'esempio:

```html
<!DOCTYPE html>
<html>
<head>
    <title>Titolo della pagina</title>
    <style>
        table  {
            border-collapse:collapse
        }
        td, th {
            border:1px solid black;
            padding:8px;
        }
    </style>
</head>
<body>
    <table>
        <caption>
            <p>Tabella dati</p>
        </caption>
        <thead>
            <tr><th>Colonna 1</th><th>Colonna 2</th></tr>
        </thead>
        <tfoot>
            <tr><td>Footer 1</td><td>Footer 2</td></tr>
        </tfoot>
        <tbody>
            <tr><td>Dato 1,1</td><td>Dato 1,2</td></tr>
            <tr><td>Dato 2,1</td><td>Dato 2,2</td></tr>
            <tr><td>Dato 3,1</td><td>Dato 3,2</td></tr>
        </tbody>
    </table>
</body>
</html>
```

Nei CSS è bene uniformare le regole e cercare di renderle generiche in modo che tutti gli elementi dello stesso tipo abbiano lo stesso stile creando coerenza. Immagina se in un sito il pulsante "Conferma ordine" sia rosso e il pulsante "Annulla ordine" sia verde, probabilmente questo stile sarebbe fuorviante dato che ti aspetteresti il contrario.

L'ultimo modo per includere regole di stile CSS all'interno di un file HTML è quello di includere un file CSS esterno. Questo file sarà unico e conterrà le stesse informazioni per tutte le pagine in modo da garantire la separazione tra livello di presentazione e livello strutturale.

A questo fine definiremo un file con estensione *.css* che chiameremo *style.css* che nel
nostro caso conterrà:

```css
/* Definisco gli stili per la pagina */
body {
  background-color: lightblue;
}

h1 {
  color: white;
  text-align: center;
}

p {
  font-family: verdana;
  font-size: 20px;
}

/* Uso direttiva @-rules */
@media print {
    h1 {
        color: yellow;
    }
}
```

La nostra pagina HTML farà riferimento a questo file tramite il tag *<link>* all'interno
della sezione *<head>:*

```html
<!DOCTYPE html>
<html>
<head>
    <link rel="stylesheet" href="styles.css">
    <title>Titolo della pagina</title>
</head>
<body>
    <h1>Titolo</h1>
    <p>Paragrafo</p>
</body>
</html>
```

E' fondamentale prestare attenzione al file CSS perché oltre a trovarsi nel percorso
giusto <u>non deve</u> contenere al tag HTML al suo interno. Il tag *<link>* è specifico per
l'inserimento di CSS e, come visto in precedenza, l'attributo *href* definisce un percorso
nel quale trovare la risorsa, in questo caso un file CSS. Il file può essere una risorsa

esterna (riferimento ad un sito), può trovarsi in un'altra cartella rispetto alla pagina o può trovarsi allo stesso livello della pagina.

E' buona norma separare i file HTML dai file CSS infatti in molti siti troverete una cartella denominata *css* o *style* per indicare la raccolta delle regole di stile.

Per utilizzare al meglio i CSS è fondamentale conoscere tutti i tipi di selettori che mette a disposizione.

Come abbiamo visto nell'esempio i selettori consentono di selezionare gli elementi a cui vogliamo applicare lo stile :

Selettore	Esempio	Descrizione
.class	.note	Seleziona tutti gli elementi con classe note
#id	#codiceFiscale	Seleziona tutti gli elementi con id="codiceFiscale"
*	*	Seleziona tutti gli elementi
elemento HTML	p	Seleziona tutti i tag <p>
elemento, elemento	div, p	Seleziona tutti i tag <p> e tutti i <div>
elemento elemento	div p	Seleziona tutti i tag <p> dentro <div>
elemento > elemento	div > p	Seleziona tutti i tag <p> che hanno <div> come padre
elemento + elemento	div + p	Seleziona tutti i tag <p> che sono definiti subito dopo un tag <div>
elemento ~ elemento	div ~ p	Seleziona tutti i tag <p> preceduti da un <div>
[attributo]	a[href]	Seleziona tutti i tag di tipo <a> che hanno un attributo href
[attributo=valore]	a[href="pagina2.html"]	Seleziona tutti i tag di tipo <a> con l'attributo href pari a pagina2.html
::after	p::after	Inserisci qualcosa dopo il contenuto del tag <p>
::before	p::before	Inserisci qualcosa prima del contenuto del tag <p>
:disabled	input:disabled	Seleziona tutti i tag di tipo <input> disabilitati
:focus	input:focus	Seleziona tutti i tag di tipo <input> che hanno il focus
:hover	input:hover	Seleziona tutti i tag di tipo <input> su cui è posizionato il mouse
:nth-child	p:nth-child(3)	Seleziona tutti i tag <p> che è il secondo figlio del padre
:visited	a:visited	Seleziona tutti i tag <a> su cui è stato fatto click

Questa tabella descrive alcuni dei selettori più usati in CSS pertanto è bene tenerli a mente per conoscerli quando necessario applicare stili più o meno complessi al nostro sito o applicazione Web.

Entriamo nel vivo del CSS e vediamo alcune proprietà interessanti per cambiare e modificare lo sfondo, il testo, bordi, margini, tabelle e la posizione degli elementi.

Colori ed immagini

Iniziamo con il cambiare il colore dello sfondo di un tag o di un elemento ma prima di fare questo è doveroso approfondire il tema sui colori, in particolare su come è possibile usarli. In HTML è possibile usare i colori tramite un nome standard definito per alcuni colori come *black, red, orange, violet* ma anche *aqua, beige, coral* ecc. Un altro modo che è possibile usare riguarda i loro valori RGB, HEX, HSL così come i corrispettivi con il canale dedicato alla trasparenza quindi RGBA e HSLA.

Lo stesso colore può essere rappresentato con diversi modelli di colore e considerando il colore rosso elenchiamo la sua definizione nel modello RGB, HEX, HSL ed i corrispondenti RGBA e HSLA.

In RGB si misurano i valori di rosso, verde e blu presenti in un colore, per il colore rosso questa terna di numeri sarà (255, 0, 0) dove 0 rappresenta l'assenza dei colori verde e blu e 255 l'intensità massima del colore rosso.

Nel modello HEX o esadecimale il colore è rappresentato da una stringa che è il frutto della concatenazione dell'intensità del rosso, del verde e del blu. Se nel modello RGB i valori oscillavano tra 0 e 255 qui oscillano tra *00* e *ff* pertanto il colore rosso sarà definito come *#ff0000* ad indicare l'intensità maggiore di rosso e l'assenza di verde e blu.

Nel modello HSL si valuta il colore, la saturazione e la luminosità, il primo parametro varia da 0 a 360 e il valore 0 rappresenta il rosso. Per indicare il colore rosso standard e non una sua variante la terna sarà (0, 100%, 50%). La saturazione assume valori da 0 a

100 dove 0 indica sfumature di grigio e 100 indica il colore vivo, anche la luminosità assume gli stessi valori dove 0 indica il nero e 100 il bianco.

In RGBA e HSLA si aggiunge un quarto parametro che indica la trasparenza ed il suo valore varia da 0.0 cioè totalmente trasparente a 1.0 cioè totalmente opaco ovvero per niente trasparente.

Fatta questa premessa sui colori possiamo creare una pagina dove creiamo diversi paragrafi con sfondi diversi in modo diverso. Useremo il CSS in linea dato che si tratta di uso didattico.

```html
<!DOCTYPE html>
<html>
<head>
    <title>Titolo della pagina</title>
</head>
<body>
    <p style="background-color:red">Paragrafo rosso</p>
    <p style="background-color:rgb(255,0,0)">Paragrafo rosso RGB</p>
    <p style="background-color:#ff0000">Paragrafo rosso HEX</p>
    <p style="background-color:hsl(0,100%,50%)">Paragrafo rosso HSL</p>
    <p style="background-color:rgb(255,0,0,0.5)">Paragrafo rosso RGBA</p>
    <p style="background-color:hsl(0,100%,50%,0.5)">Paragrafo rosso HSLA</p>
</body>
</html>
```

Nell'esempio abbiamo creato una pagina con lo stesso paragrafo rosso ma con modelli di colore diversi, gli unici due esempi diversi sono RGBA e HSLA che pur mostrando il colore rosso, l'effetto trasparenza al 50% rende il colore simile ad un rosa salmone come è possibile vedere dall'immagine seguente.

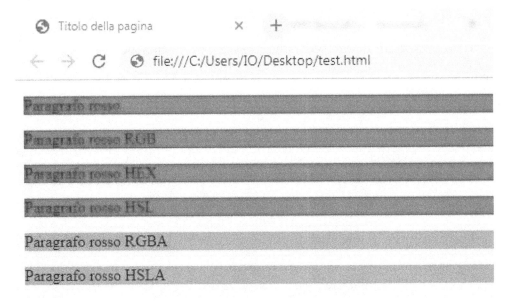

In questo esempio abbiamo mostrato come modificare lo sfondo di un elemento HTML, ma se vogliamo modificare lo sfondo di un intera sezione? Uno dei tag più utilizzati in HTML per la creazione di layout è senza dubbio il *<div>* che, nonostante l'aggiunta in HTML5 di tag più appropriati semanticamente, continua ad essere largamente usato al posto dei tag *<nav>, <header>, <section>, <aside>*.

Un *<div>* può essere usato come contenitore di più elemento come in questo caso per creare uno sfondo uniforme:

```
<!DOCTYPE html>
<html>
<head>
    <title>Titolo della pagina</title>
</head>
<body>
    <div style="background-color:red">
        <p>Paragrafo rosso</p>
        <p>Paragrafo rosso RGB</p>
        <p>Paragrafo rosso HEX</p>
        <p>Paragrafo rosso HSL</p>
    </div>
</body>
</html>
```

Il risultato è rappresentato dall'immagine seguente:

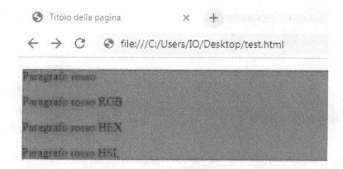

Possiamo anche utilizzare un'immagine per lo sfondo di un elemento HTML infatti tramite la proprietà *background-image* possiamo inserire un'immagine come sfondo. La sintassi è molto semplice e consigliamo sempre di utilizzare delle immagini che non disturbino la lettura del testo.

Possiamo anche utilizzare altre proprietà come *background-repeat* che consentono di ripetere l'immagine in orizzontale tramite il valore *repeat-x* oppure in verticale tramite il valore *repeat-y*.

Ecco un esempio di codice HTML e CSS che include un'immagine:

```
<!DOCTYPE html>
<html>
<head>
    <style>
        body {
          background-image: url("immagine.png");
          background-repeat: repeat-x;
        }
    </style>
</head>
<body>

<h1>Benvenuto!</h1>
<p>Questa pagina contiene un'immagine ripetuta in modo
orizzontale!</p>

</body>
</html>
```

Il risultato di questo codice, dopo aver opportunamente salvato l'immagine è:

Il risultato potrebbe non soddisfarci con questa immagine pertanto possiamo impostare l'immagine come a tutto schermo e senza ripetizione:

```
<!DOCTYPE html>
<html>
<head>
    <style>
        body {
           background-image: url("immagine.png");
           background-repeat: no-repeat;
           background-size: cover;
        }
    </style>
</head>
<body>

<h1>Benvenuto!</h1>
<p>Questa pagina contiene un'immagine a pieno schermo!</p>

</body>
</html>
```

Il risultato adesso sembra essere molto più accattivante, ricorda che è molto importante la risoluzione dell'immagine con operazioni di questo tipo infatti immagini di dimensioni ridotte possono facilmente sgranarsi quando vengono ingrandite. Nel mio caso, infatti, l'immagine di dimensioni 500x332 pixel è stata ingrandita ma risulta sgranata sul mio monitor con risoluzione 1280x1024 pixel, certamente un'immagine adeguata non avrebbe portato ad un simile risultato ma implicherebbe di certo tempi di caricamento più elevati.

Adesso il nostro codice ingrandisce l'immagine di nome *immagine.png* e che si trova nella stessa cartella della pagina HTML generando questo:

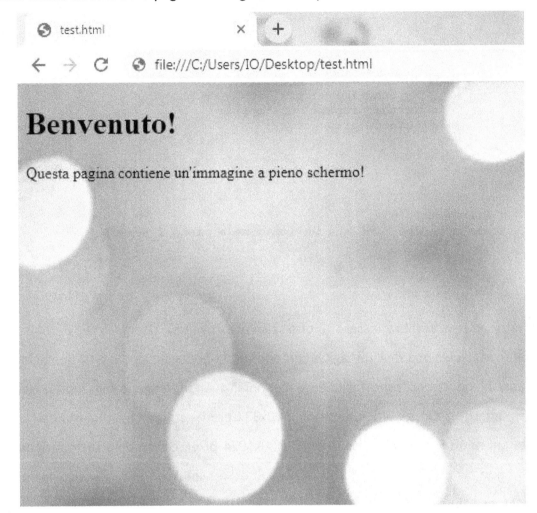

Bordi e margini

Vediamo ora come tracciare il contorno degli elementi HTML tramite la proprietà *border* che abbiamo visto in parte nell'esercizio con le tabelle. Per definire un bordo ci sono numerosi modi e proprietà correlate, il più semplice ed immediato è con la definizione in forma contratta:

```
<!DOCTYPE html>
<html>
<head>
    <style>
        p {
            border: 1px solid red;
        }
    </style>
</head>
<body>

<h1>Benvenuto!</h1>
<p>Questo paragrafo ha un bordo!</p>

</body>
</html>
```

Nella regola appena definita abbiamo dato uno spessore di 1 pixel al bordo, un tipo di linea continua ed il colore rosso. Lo spessore del bordo lo definiamo a nostro piacere e anche lo stile della linea così come il colore possono variare. In particolare abbiamo diversi stili di linea che nell'esempio successivo mostreremo usando il concetto di classe.

Una classe in HTML indica un attributo che specifica uno o più nomi di classi per un elemento HTML, nel nostro caso aggiungeremo una classe per ogni stile di bordo.

```
<!DOCTYPE html>
<html>
<head>
    <style>
        p.dotted {border-style: dotted;}
        p.dashed {border-style: dashed;}
        p.solid {border-style: solid;}
        p.double {border-style: double;}
        p.groove {border-style: groove;}
        p.ridge {border-style: ridge;}
        p.inset {border-style: inset;}
        p.outset {border-style: outset;}
        p.none {border-style: none;}
        p.hidden {border-style: hidden;}
        p.mix {border-style: dotted dashed solid double;}
    </style>
</head>
<body>
    <h2>Lo stile del bordo</h2>
    <p>Cambio il bordo con le classi CSS</p>

    <p class="dotted">Bordo tratteggiato</p>
    <p class="dashed">Bordo tratteggiato</p>
    <p class="solid">Bordo continuo</p>
    <p class="double">Bordo doppio</p>
    <p class="groove">Bordo 3D</p>
    <p class="ridge">Bordo 3D</p>
    <p class="inset">Bordo 3D</p>
    <p class="outset">Bordo 3D</p>
    <p class="none">Nessun bordo</p>
    <p class="hidden">Bordo nascosto</p>
    <p class="mix">Bordo misto</p>
</body>
</html>
```

Il risultato di questo codice sarà il seguente:

I bordi sono molto usati all'interno delle pagine Web per dividere contenuti, come abbiamo visto nelle tabelle, per separare sezioni distinte o semplicemente per indicare che sta iniziando un nuovo argomento.

Con le regole di stile CSS possiamo definire dei margini per creare uno spazio tutto intorno uno o più elementi. Possiamo definire un margine uguale per tutti i quattro lati oppure un valore diverso per ogni lato oppure un margine di 10 pixel in alto e in basso e di 5 pixel al lato destro e sinistro. Per fare ciò useremo la proprietà *margin* che viene usata come forma contratta di *margin-top, margin-bottom, margin-right, margin-left.* Impostando la proprietà *margin* a 10 pixel, verranno automaticamente impostate tutte queste proprietà con il valore 10 pixel.

```
<!DOCTYPE html>
<html>
<head>
    <style>
        p {
            border: 1px solid black;
            background-color: yellow;
            margin: 10px;
        }
    </style>
</head>
<body>
    <h2>Uso del margine</h2>

    <p>Questo è un paragrafo</p>
</body>
</html>
```

Il risultato sarà quanto mostrato in figura:

Uso del margine

Questo è un paragrafo

Come puoi notare abbiamo inserito un bordo di 10 pixel pertanto il bordo sinistro e destro sono rientrati rispetto ai precedenti paragrafi ma esiste anche un bordo di 10 pixel in alto e in basso.

Le regole che seguono sono utili per definire rispettivamente:

- un margine in alto e in basso e un margine ai lati
- un margine in alto, uno per i lati e uno in basso
- un margine in alto, uno per il lato destro, uno per il margine in basso e uno per quello a sinistra

```
p { margin: 25px 50px; }
p { margin: 25px 50px 75px;}
p { margin: 25px 50px 75px 100px; }
```

Questa forma è equivalente all'uso delle proprietà *margin-top, margin-bottom, margin-right, margin-left* ma è più concisa e facile da ricordare, il mio trucco per ricordarlo è il verso dell'orologio a partire dalle ore 12 che coincide con il top ovvero il primo valore che la proprietà *margin* può assumere.

Sino ad ora abbiamo utilizzato sempre i pixel come unità di misura ma in realtà esistono anche altri valori che possono essere usati per le proprietà CSS come pixel abbreviato in px, punti abbreviato in pt, centimetri abbreviato in cm oppure è possibile usare delle percentuali tipo 10%, 50% ecc.

Fino a non molto tempo fa le pagine erano concepite principalmente per i desktop e con l'avvento degli smartphone l'esperienza utente e i layout hanno necessitato delle modifiche. Esplorare una pagina desktop su un cellulare è abbastanza frustrante in quanto i contenuti non sono ottimizzati per lo schermo. Attualmente la situazione è migliorata e possiamo contare su siti responsive così come sulle AMP di Google per ottenere pagine veloci ma soprattutto pagine che si presentano bene senza dover fare zoom in e zoom out.

Il browser adatta in modo automatico le dimensioni della sua area di visualizzazione anche detto *viewport* per visualizzare al meglio la pagina. Per creare un sito responsive ovvero in modo che i suoi contenuti si adattino alla dimensione dello schermo dobbiamo inserire un particolare tag nella sezione *head* della nostra pagina:

```
<meta    name="viewport"    content="width=device-width,    initial-
scale=1.0">
```

Questo tag in sostanza comunica al browser di usare come larghezza del contenuto della pagina la larghezza effettiva del dispositivo e con zoom pari a 1. Questo si tratta di un piccolo accorgimento che migliora di molto l'esperienza utente ma ricorda che per creare davvero dei contenuti fruibili anche da mobile e tablet bisogna progettare un'apposita interfaccia utente per poter adattare al meglio i contenuti. Adattare i contenuti talvolta vuol dire anche mostrare meno contenuti su uno smartphone rispetto ad un desktop.

E' fondamentale a questo punto introdurre il *box model* ovvero come colui che gestisce la presentazione degli elementi all'interno della pagina, in particolare ogni box comprende un numero di componenti di base. Partendo dall'esterno abbiamo i margini, i bordi, il padding e l'area del contenuto. Il margine serve per staccare un elemento da quelli adiacenti, il bordo è circondato dal margine, il padding indica uno spazio vuoto tra bordo e contenuto infine l'area del contenuto è lo spazio in cui si trova l'elemento qualunque esso sia, immagine, testo, video o altro.

Ora che siamo in grado di creare e stilizzare degli elementi o un gruppo di elementi vediamo quali posizioni possono assumere, in particolare esamineremo la proprietà *position* che può assumere i seguenti valori: *static, relative, fixed, absolute*.

Iniziamo con il valore di default infatti quando non viene esplicitata questa proprietà il suo valore è *static* ovvero gli elementi vengono posizionati seguendo il normale flusso della pagina. Tutti i *<div>* che abbiamo creato fino ad ora e gli altri elementi avevano implicitamente questa proprietà già impostata.

Un'altra possibilità è il valore *relative* che sostanzialmente viene usato per portare l'elemento nella sua posizione normale ma, a differenza di *static*, sono valide le regole *top, left, right* e *bottom* per spostare l'elemento in alto, a sinistra, destra o in basso. In questo modo gli altri elementi non si adatteranno per colmare gli spazi lasciati da questo elemento.

Di seguito proponiamo un esempio:

```
<!DOCTYPE html>
<html>
<head>
    <style>
        div.relative {
            position: relative;
            left: 50px;
            border: 2px solid darkred;
        }
    </style>
</head>
<body>

<h2>Uso della proprietà position</h2>

<div class="relative">
    Questo elemento ha position: relative;
</div>

</body>
</html>
```

Il risultato sarà quello mostrato nell'immagine seguente:

Uso della proprietà position

> Questo elemento ha position: relative;

Se vogliamo posizionare un elemento in modo relativo alla finestra del browser possiamo usare il valore *fixed*. Come per la proprietà precedente possiamo posizionare l'elemento tramite le proprietà *top, left,right, bottom*. La differenza consiste nel riadattare gli altri elementi. Nell'esempio seguente creeremo un piccolo *<div>* in alto a destra che invita l'utente ad aprire una chat.

```html
<!DOCTYPE html>
<html>
<head>
    <style>
        div.fixed {
          position: fixed;
          top: 0;
          right: 0;
          width: 150px;
          margin: 20px;
          text-align: center;
          border: 2px solid darkred;
        }
    </style>
</head>
<body>

    <h2>Uso della proprietà position</h2>
    <p>Prova a ridimensionare la pagina</p>

    <div class="fixed">
        <a href="chat.html">Accedi alla chat</a>
    </div>

</body>
</html>
```

Il codice mostrato consente di creare un'interfaccia utente di questo tipo:

Provate a ridimensionare la pagina e noterete come la sezione per accedere alla chat resti sempre fissa in alto a destra. Nell'esempio avrai notato che il testo è stato centrato all'interno del box ed anche questo è frutto di una regola CSS: *text-align*. Questa proprietà può assumere il valore *left* (predefinito), *right* (per allineare a destra), *center* (per allineare il testo al centro), *justify* (per spaziare il contenuto in modo da adattarsi alla linea), *inherit* (per ereditare il valore della proprietà dal genitore).

L'ultimo tipo di posizione per la proprietà *position* è *absolute*, con questo valore l'elemento si sottrae al normale flusso del documento ed è posizionato tramite le proprietà *top, left, right, bottom.* Il posizionamento avviene sempre rispetto al box contenitore dell'elemento ovvero dal padre. E' consigliato impostare almeno la larghezza per i contenitori con questo tipo di valore. In questo caso le proprietà *top, left, right, bottom* si comportano non come coordinate ma come una distanza, come se fossero dei margini.

Di seguito riportiamo un esempio di questo valore:

```html
<!DOCTYPE html>
<html>
<head>
    <style>
        div.relative {
          position: relative;
          width: 400px;
          height: 200px;
          border: 3px solid #73AD21;
        }

        div.absolute {
          position: absolute;
          top: 80px;
          right: 0;
          width: 200px;
          height: 100px;
          border: 3px solid #73AD21;
        }
    </style>
</head>
<body>

    <h2>Uso della proprietà position</h2>
    <p>Un elemento con position: absolute; è posizionato in modo
relativo al genitore più vicino.</p>

    <div class="relative">Questo div ha position: relative;
        <div class="absolute">Questo       div       ha       position:
absolute;</div>
    </div>

</body>
</html>
```

Il risultato di questo esempio è riportato in figura:

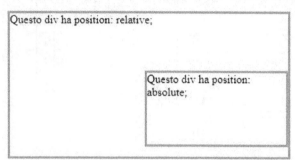

Grazie ad HTML5 c'è stata la definizione di nuovi tag e soprattutto la ridefinizione della struttura di una pagina al fine di dividerla in aree logiche distinte. Avrai probabilmente visitato dei blog su Internet, questo è il tipico caso in cui trovi delle pagine che necessitano di un markup ben strutturato e HTML5 ci aiuta in questo.

Nell'immagine seguente vediamo la struttura di un blog in HTML5 in modo da vedere quali sono le sezioni che la compongono e quali tag usare:

Il tag header è il primo tag della struttura e non bisogna confonderlo con i titoli che inseriamo nei tag *<h1>, <h2>, <h3>* ecc. Questo tag è solitamente usato per includere un menu all'interno del sito o comunque un modo di navigazione per questo include il tag *<nav>* che è di vitale importanza.

Come avrai già fatto in qualità di utente è difficile non navigare all'interno di un sito perché spesso non troviamo le informazioni che cerchiamo sulla homepage o siamo spinti dalla curiosità ad esplorare. Nel tag *<nav>* del sito possiamo includere una lista di link ad altre pagine in modo da creare un menu per la navigazione che potremo stilizzare tramite CSS. Il menu può anche essere integrato nel footer della pagina ovvero la parte posta più in basso infatti spesso troviamo una serie di collegamenti soprattutto nei siti istituzionali. Di seguito trovi il footer di una marca di abbigliamento sportivo che contiene dei menu per permettere all'utente di trovare ciò che cerca:

PRODOTTI	SPORT	COLLEZIONI	INFO SULL'AZIENDA	ASSISTENZA
Scarpe	Juventus	Yeezy		Aiuto
Abbigliamento	Real Madrid		Chi siamo	Consegna
Outlet	Pogba scarpe	ZX Flux	Lavora con noi	Resi e rimborsi
			Stampa	Tabelle taglie
Scarpe da trail running	Maglie Calcio	P.O.D System	Sconto Studenti	Trova un negozio
Scarpe da running	Giacche	Y-3		Mobile Apps
Scarpe customizzate	Bomber adidas	Tubular	MORE	Sitemap
Scarpe bianche	Cappotti e Parka		Eyewear	Procedure europee di
Scarpe de Calcetto	Giacche a Vento	Calendario Lanci	Attrezzatura Training	risoluzione delle controversie
			micoach	Imprint
			Carta Regalo	

Le parti principali della struttura sono senza dubbio rappresentate da *<article>* e *<section>* infatti rappresentano le aree logiche centrali del sito. Il tag *<article>* descrive il contenuto effettivo di una pagina come una notizia, un evento ecc mentre la *<section>* si riferisce alla parte logica con tutti i suoi contenuti correlati. Immagina la sezione dedicata allo sport del calcio in un giornale e agli articoli per ogni match disputato, la prima rappresenta il tag *<section>* mentre gli articoli il tag *<article>*.

Nelle sezioni *<aside>* e *<sidebar>* sono posti di solito contenuti extra come il link a dei documenti utili, la locandina di un evento, diagrammi o link correlati. In alcuni casi in questa sezione vengono posti dei collegamenti per i social network in modo da incrementare la popolarità del brand.

Form

Se hai in mente di progettare un sito Web che ha il compito di raccogliere dei dati dagli utenti devi saper creare un form cioè una serie di campi dedicati a collezionare e gestire dati inseriti dall'utente.

Vediamo come si compone un form:

```html
<!DOCTYPE html>
<html>
<head>
</head>
<body>

    <h1>Inserisci i tuoi dati</h2>
    <form method="post" action="valida.php">

      <!-- CASELLE DI TESTO -->
      Nome<br>
      <input type="text" name="nome"><br>
      Cognome<br>
      <input type="text" name="cognome"><br>

      <!-- SELECTBOX -->
      Paese<br>
      <select name="paese">
            <option value="I">Italia</option>
            <option value="E">Estero</option>
      </select><br>

      <!-- RADIO -->
      Sesso<br>
      <input type="radio" name="sesso" value="M"> M<br>
      <input type="radio" name="sesso" value="F"> F<br>

      <!-- CHECKBOX -->
      Tipo di lavoro<br>
      <input      type="checkbox"      name="lavoro"      value="A">
Artigiano<br>
      <input      type="checkbox"      name="lavoro"      value="D">
Dirigente<br>
      <input      type="checkbox"      name="lavoro"      value="I">
Impiegato<br>
      <input type="checkbox" name="lavoro" value="O"> Operaio<br>

      <!-- TEXTAREA -->
      Commenti o domande<br>
      <textarea name="commenti" rows="5" cols="30"></textarea>
      <br><br>

      <!-- SUBMIT -->
      <input type="submit" name="invia" value="Invia i dati">
```

```
        </form>

    </body>
    </html>
```

Questo form consente di raccogliere alcuni dati dal cliente e avrai notato che nelle prime righe si fa' riferimento a *valida.php* cioè questi dati verranno inviati ad un funzione scritta in linguaggio PHP che li validerà e li inserirà nel database ma questo non è oggetto di questo libro. Concentriamoci sulla struttura appena creata dal punto di vista dell'interfaccia utente.

In HTML5 sono stati aggiunti dei nuovi tipi di input utili a gestire diversi tipi di dati, ad esempio le date. Aggiungiamo il campo data di nascita al nostro form:

```
<label for="data_nascita">Data di nascita</label>
<input    type="date"    name="data_nascita"    id="data_nascita"
value="1980-12-11">
```

In questo modo verrà mostrato un piccolo calendario per selezionare la data di nascita e che avrà come data selezionata l'11 dicembre del 1980. Come puoi notare la sintassi è davvero chiara e semplice.

Vogliamo anche aggiungere il campo relativo all'email dell'utente, potremmo aggiungerlo come campo di tipo testuale ma possiamo fare di meglio. HTML5 ha creato un tipo relativo all'email infatti se da desktop può sembrare un semplice campo di testo in realtà la differenza è sui dispositivi mobile. Verrà mostrata infatti una tastiera dedicata all'inserimento delle mail e che mette subito a disposizione il simbolo della chiocciola e alcune estensioni come *.com*.

```
<label for="email">Email</label>
<input type="email" name="email" id="email">
```

Un altro campo interessante riguarda i colori infatti è possibile disporre di un classico *color-picker* che ti consente di selezionare un colore. Potresti decidere di far scegliere all'utente il colore dell'interfaccia e cambiare le tue regole di stile in base al colore scelto.

```
<label for="style_color">Colore interfaccia</label>
<input type="color" name="style_color" id="style_color">
```

Talvolta è utile fornire all'utente un suggerimento sul valore da inserire nel campo descritto, infatti, adesso chiederemo una password all'utente e vedremo come i caratteri digitati saranno oscurati e tramite l'attributo *placeholder* forniremo un suggerimento all'utente. In particolare vogliamo che la password fornita sia esattamente di 6 caratteri.

```
<label for="password">Password</label>
<input id="password" type="password" name="password" value=""
autocomplete="off" placeholder="6 caratteri" />
```

In questo caso abbiamo aggiunto anche un altro attributo che è *autocomplete*, tale attributo consente al browser di prevedere il valore in modo che vengano fornite delle opzioni al cliente per riempire il campo. Questo attributo funziona con il tipo testo, data, email ecc. pertanto se inserendo il campo nome può essere utile l'auto-completamento, sul campo password questa funzione deve essere necessariamente disabilitata.

E' possibile anche inserire un numero di telefono in modo intelligente così come per il campo email. Grazie a questo metodo verrà mostrata agli utenti che si collegano da mobile una tastiera che contiene esclusivamente numeri ed il carattere *+*. Nell'esempio che mostreremo a breve inseriamo anche ulteriori vincoli come il formato del numero e l'attributo *required* che marca come obbligatorio il campo del form.

Per il formato del numero l'attributo *pattern* valida il valore inserito secondo un'espressione regolare.

```
<label for="cel">Inserisci il tuo numero di cellulare:</label>
<input type="tel" id="cel" name="cel" pattern="[0-9]{3}-[0-9]{7}"
required>

<span class="note">Formato: 333-1234567</span>
```

Esistono anche altri attributi utili per i campi di input come: *maxlength* che indica il numero massimo di valori che è possibile inserire e *minlength* indica il numero minimo di valori che è possibile inserire.

Attualmente per la validazione dei campi di un form è molto usato JavaScript che è un linguaggio di programmazione abbastanza semplice ma che probabilmente non conosci ancora. La nostra speranza come sviluppatori Web è quella di creare uno standard sulla base del quale continuare a costruire ed innovare per rendere la vita più semplice agli sviluppatori ma sopratutto agli utenti, ancor più a coloro che hanno disabilità. Ricorda sempre che il sito che stai creando non verrà usato soltanto da te ma ci saranno moltissime altre persone che potrebbero usarlo, pensa ai siti più famosi di e-commerce.

Quando i browser supporteranno tutti le funzionalità per la convalida incorporata dei dati, seguendo uno standard comune, gli utenti avranno perfettamente la stessa *user experience* attraverso tutti i siti che visiteranno con messaggi chiari e coerenti uguali per tutti i form.

Credo che non ci siano ancora abbastanza sforzi da parte dei browser di creare uno standard comune forse perché in questo modo si potrebbe ridurre di molto la competizione tra di loro. Ne è una testimonianza il fatto che per alcuni selettori sono necessarie diverse definizioni per ogni browser, per Chrome, Android iOS e Safari esiste il prefisso *-webkit-,* per Mozilla Firefox esiste *-moz-,* per Internet Explorer *-ms-* ed infine per Opera esiste *-o-*.

Nella seguente classe CSS mostriamo come si dovrebbe implementare un semplice bordo per tenere in considerazione tutti i browser:

```css
.classe {
    -moz-border-radius: 2em;
    -ms-border-radius: 2em;
    -o-border-radius: 2em;
    -webkit-border-radius: 2em;
    border-radius: 2em;
}
```

Conclusioni

In questo lungo viaggio abbiamo imparato molto su HTML e CSS, abbiamo visto da dove nascono, cosa sono diventati e i vari modi per costruire un'interfaccia utente. Quello che può sembrare un compito semplice in realtà non lo è infatti dietro ogni sito progettato bene c'è il lavoro di molte persone, grafici, sviluppatori Web e tanti altri. HTML5 ha portato grandi innovazioni come abbiamo potuto vedere per la gestione di audio e video e punta a migliorare la semantica dei siti Web, migliorare l'interfaccia utente così come l'accessibilità al fine di creare applicazioni Web migliori. In tutto questo però ci sono ancora degli ostacoli da superare come l'uso di vecchie versioni di Internet Explorer che non supportano tutte le funzionalità offerte da HTML5 e CSS3 così come rappresenta un ostacolo l'uso di molti tag deprecati.

La sfida principale è per gli sviluppatori dei browser, oltre che devono fornire supporto e creare le condizioni adatte per la continua evoluzione verso questi standard. Gli sviluppatori, invece, devono progettare nuove interfacce sfruttando le nuove tecnologie in modo da fornire un prodotto migliore all'utente in modo che possa essere fruito nel migliore dei modi.

HTML5 continua a lavorare sul campo della multimedialità per supportare nuovi formati audio e video, sulle animazioni ma si tratta comunque di un prodotto molto maturo che, a meno di funzionalità molto importanti, mette già a disposizione tutto il necessario per creare siti e applicazioni Web di qualità.

Ci auguriamo che tu possa aver imparato ad utilizzare HTML e CSS grazie a questo libro, ti ricordo che il miglior modo per diventare un bravo sviluppatore Web è quello di esercitarsi tanto, solo così potrai stimolare la tua curiosità ed imparare nuovi tag HTML e nuove proprietà CSS che ti saranno certamente utili. Fissa un obiettivo, ad esempio la realizzazione di un sito Web personale, in modo da restare allenato e sfruttare ciò che hai imparato.

www.ingramcontent.com/pod-product-compliance
Lightning Source LLC
Chambersburg PA
CBHW080604060326
40689CB00021B/4927